그날 이후 ㄴ은 짐을 싸서 만만한책방으로 떠났어.
소문을 들은 다른 받침들도 한달음에 달려왔어.

짜잔!
받침구조대는 그렇게 탄생했어.

곽미영 글

어린이책을 만들고 글을 씁니다.
지은 책으로 〈띄어쓰기 경주〉〈별난 코 별코두더지〉〈짜장 줄넘기〉〈풋사랑〉〈버들치랑 달리기했지〉
〈줄장지뱀이랑 숨바꼭질했지〉〈붉은배새매랑 나무 탔지〉〈애반딧불이랑 불꽃놀이했지〉 등이 있습니다.

지은 그림

이화여자대학에서 동양화를 공부했습니다. 일상에서 보이는 작고 아름다운 것을 관찰하며, 때로는 보이지 않는 곳에서 일어나는 일들을 즐겨 상상하곤 합니다. 쓰고 그린 책으로는 〈띄어쓰기 경주〉〈위대한 아파투라일리아〉가 있습니다.

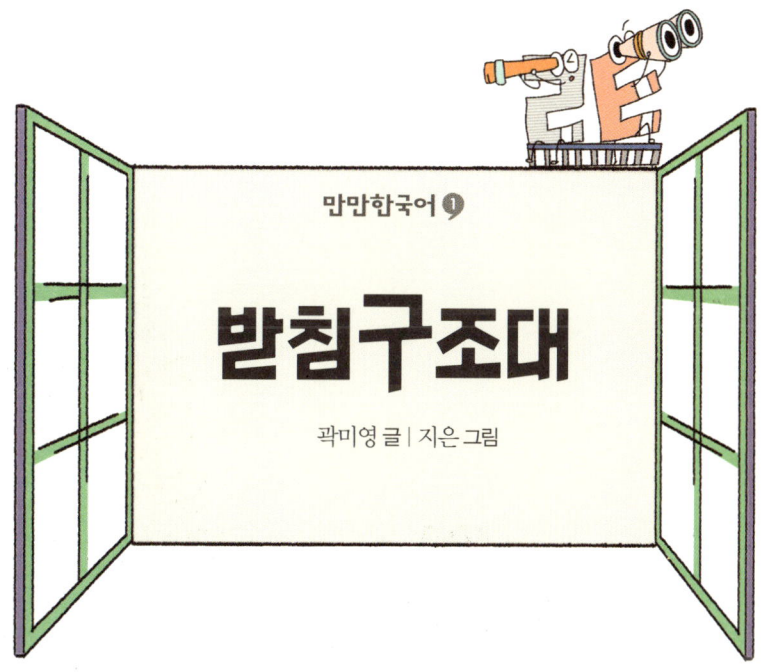

만만한국어 ❶

받침구조대

곽미영 글 | 지은 그림

만만한책방

\ 우리는 받침구조대! /

받침이 필요한 곳이라면 어디든 쌩하고 달려가지요.

도움이 필요하면 언제든 전화하세요.

\ 먼저 자기소개를 멋지게 해 볼까요? /

ㄱ이
고개 숙여
인사합니다.

ㄱ을
거꾸로 보면
ㄴ입니다.

ㄴ에
책 올리면
ㄷ입니다.

ㄷ에
ㄱ이 올라가면
ㄹ입니다.

ㅁ이 돌돌

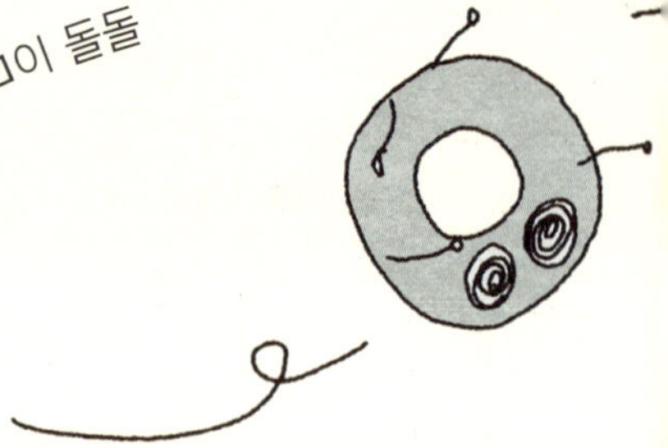

ㄷ이 입 가리면
ㅁ입니다.

ㅁ이 귀 쫑긋하면
ㅂ입니다.

ㅁ이 팔다리 뻗으면
ㅍ입니다.

ㄱ이 땅에 인사하면
ㅅ입니다.

ㅅ이 머리에 책 올리면
ㅈ입니다.

ㅈ에 책 하나 더 올리면
ㅊ입니다.

데구루루 구르면 **ㅇ**입니다.

ㅇ이
모자 쓰면
ㅎ입니다.

ㄱ이 혀 내밀면
ㅋ입니다.

ㄷ이 혀 내밀면
ㅌ입니다.

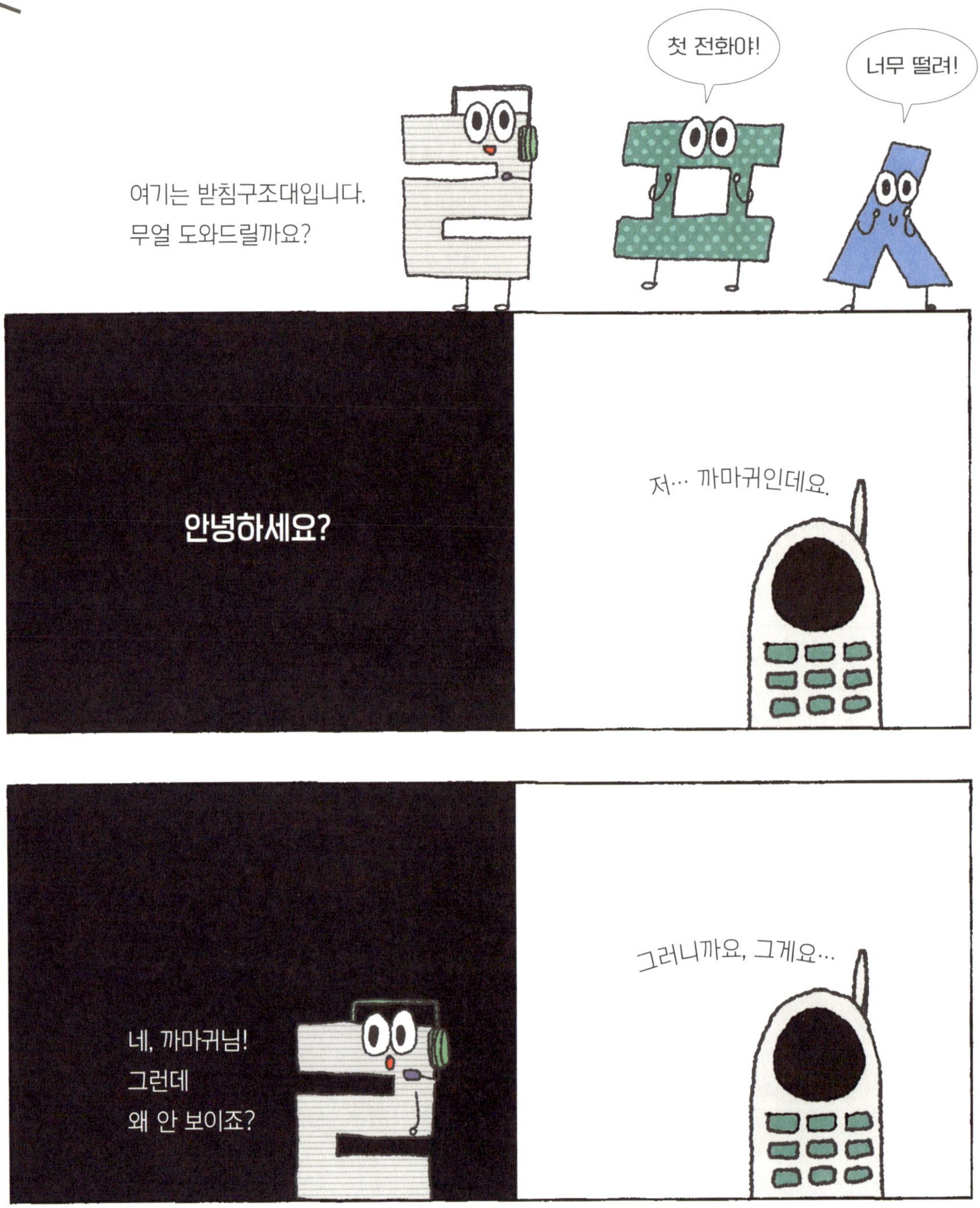

해를요… 막아서요… 세상이 깜깜해졌어요.
새가요… 쿵쿵 부딪치고요… 길도 잃고요… 완전 엉망이에요.
저기요… 어떡하죠?

막아요 + ㄹ = 맑아요

띠리롱! 띠리롱!

호랑이님, 좋은 아침입니다.

좋은 아침이라고요?
난 아파 죽겠다고요.

어디가 아픈가요?

몰라요.
머리가 지끈거려서 밤새 끙끙 앓았어요.
빨리 좀 도와주세요.

앓아요

어,
하나도 안 아프네?
어떻게 된 거지?

무섭게 보이려고
웃음을 꾹 참아서
아팠던 거예요!

알아요

이제 알았다!
진즉 이렇게 웃을걸.

띠리릉! 띠리릉!

없어요! 없어요!

쇠똥구리님, 뭐가 없어졌나요?

제 똥요!
아니, 소똥요!

소 아저씨가 똥을 줘서 동글동글 예쁘게 빚어서 오르막을 오르는데 그만,

때굴때굴때굴때굴때굴때굴…

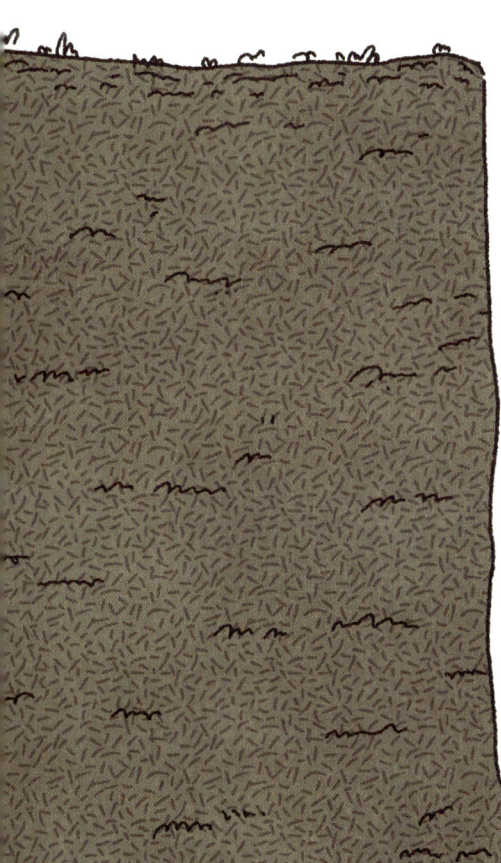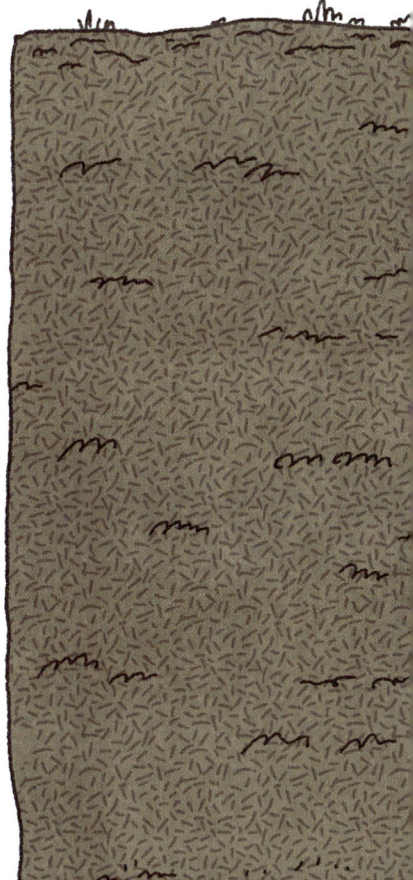

없어요 - ㅆ = 업어요

띠리릉! 띠리릉!

반갑습니다.
받침구조대입니다.

캥거루 부인, 어디 아프세요?

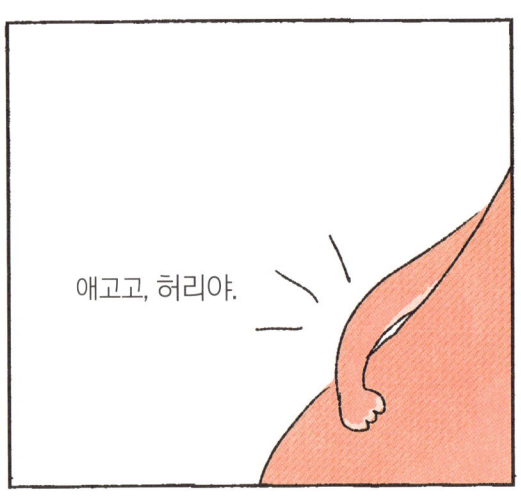

애고고, 허리야.

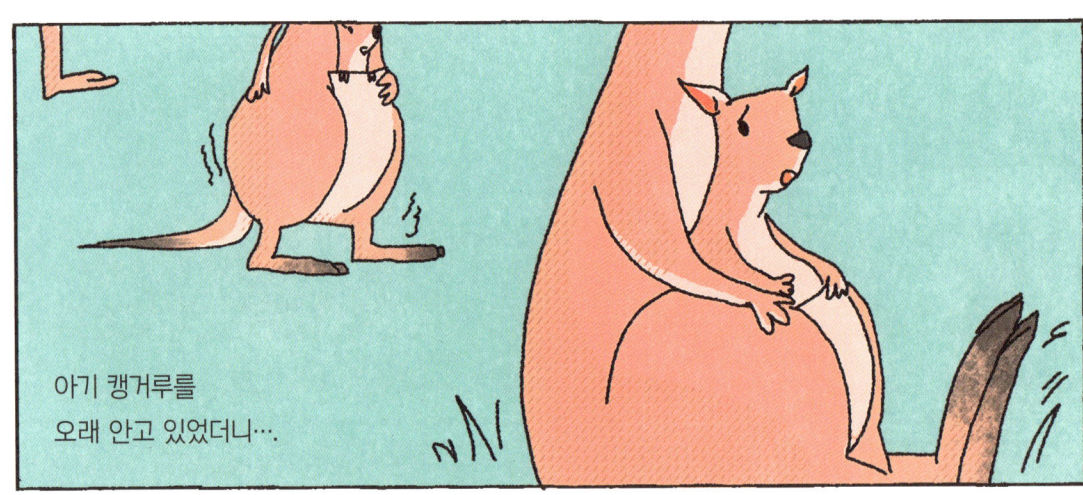

아기 캥거루를
오래 안고 있었더니….

허리도 아프고
다리도 아파서요.

아기를 안고
편하게 쉴 수 있는
방법이 있을까요?

안아요

\ 물론 있죠! /

받침구조대에게 맡겨 주세요.

드디어
내가 출동할 차례군!

의자에 앉으니까 너무 편해요!

안아요 + ㅈ = 앉아요

도와주려고 한 건데 아프게만 하고….
너무너무 창피해.
나는 아무 쓸모가 없나 봐.

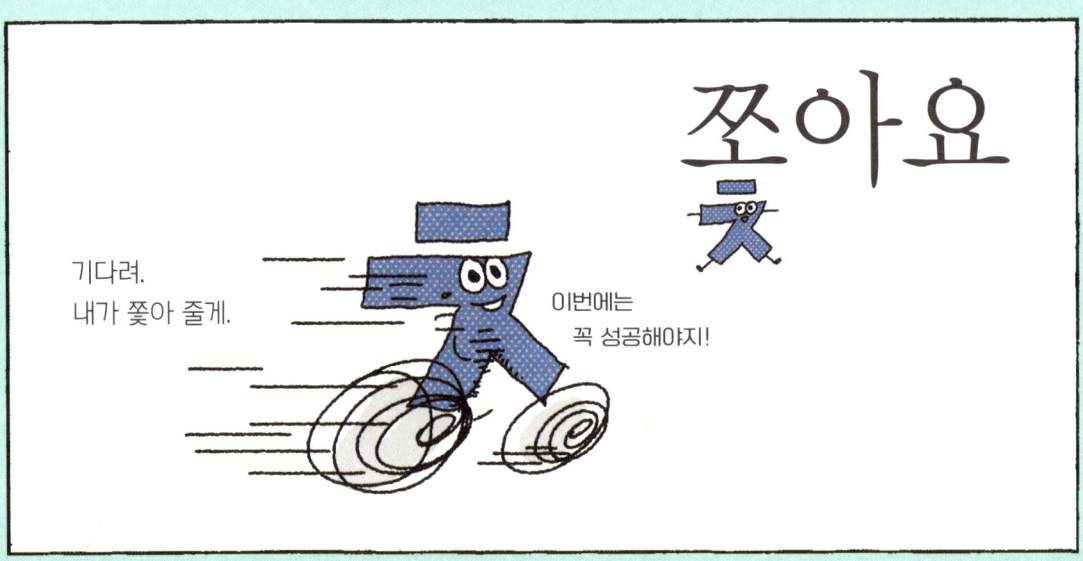

띠리롱! 띠리롱!

무슨 일로 전화했나요? 달팽이님!

그게요….
뱁새가 자꾸
느림보라고 놀려서요.
뱁새가 놀리니까
다른 새들도
깔깔거리고요.
느림보 별명이
너무 싫어요!

알나리깔나리~
느림보래요!

이렇게 안 돼?

멈춘 거니?
가는 거니?

누워서 가도
너보다는
빠르겠다.

흑흑흑흑흑흑

훌쩍훌쩍

엉엉엉

눈물 뚝!
좋은 방법이 있어요.

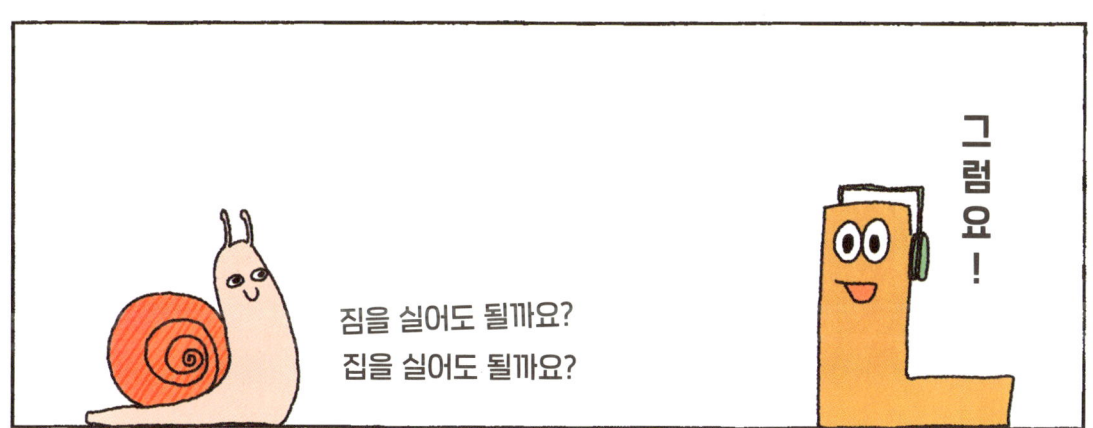

실어요

띠리롱! 띠리롱!

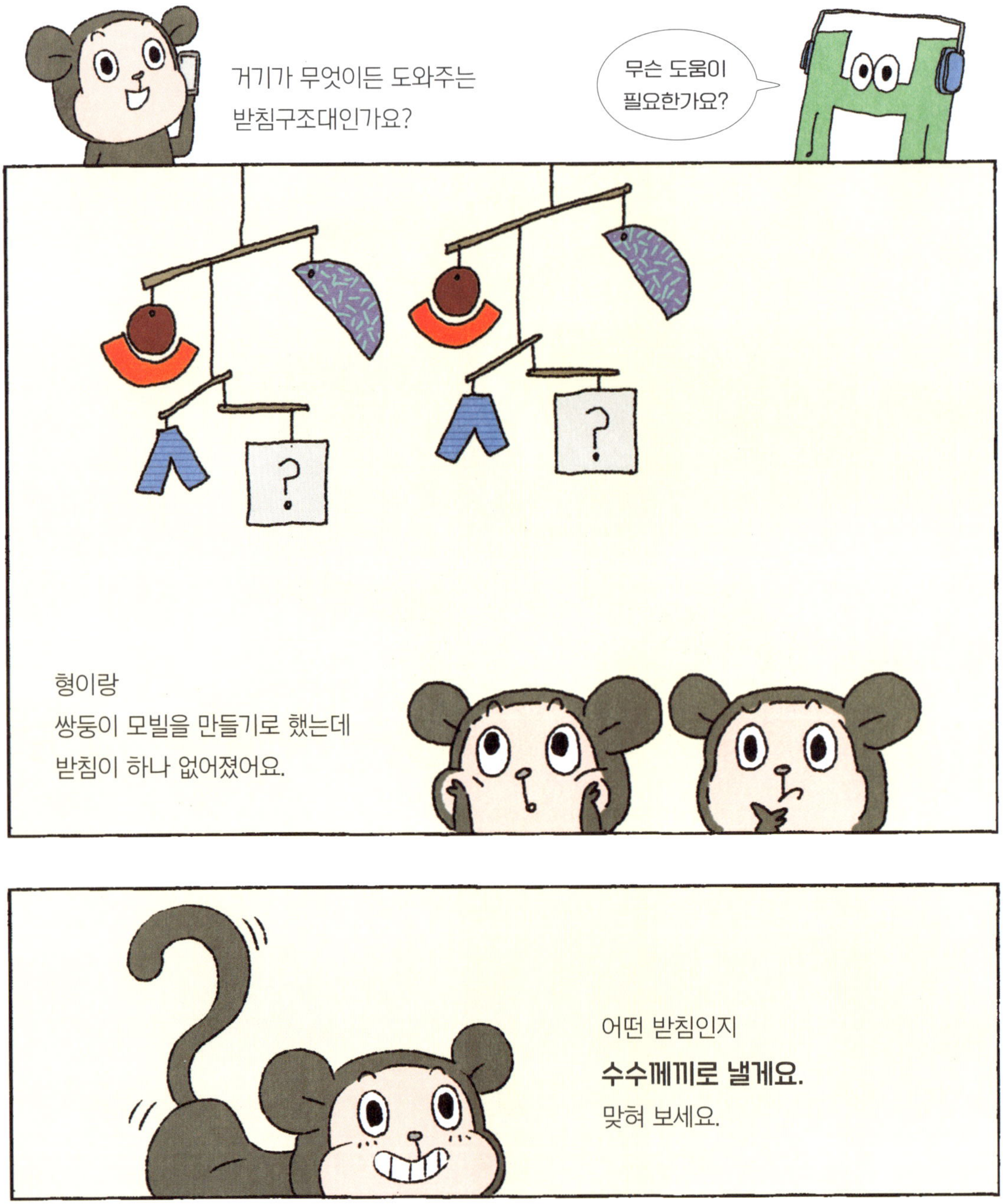

거기가 무엇이든 도와주는 받침구조대인가요?

무슨 도움이 필요한가요?

형이랑
쌍둥이 모빌을 만들기로 했는데
받침이 하나 없어졌어요.

어떤 받침인지
수수께끼로 낼게요.
맞혀 보세요.

가운데가 시원하게
뻥 뚫려 있어요.

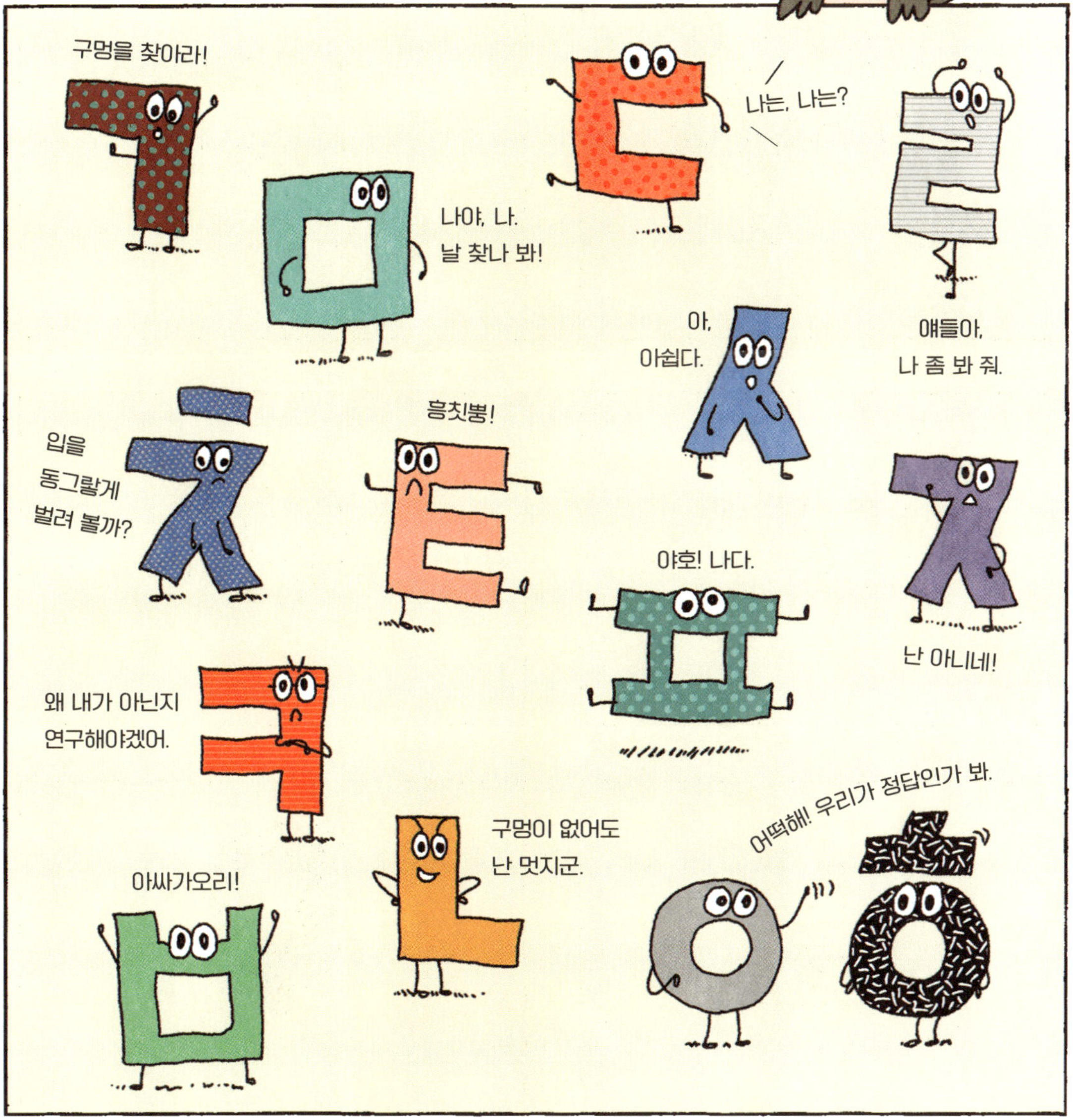

물구나무서기를 해도 모양이 똑같아요.

나, 잘하지?

식은 죽 먹기네~

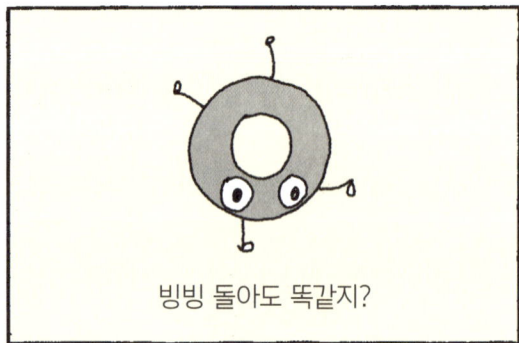
빙빙 돌아도 똑같지?

아싸!

악! 머리 아파

ㄴ이랑 ㄱ이 만나면 이 모양이 돼요.

우리?

맞아, 우리!

합체!

오! 알겠어요.

하하하, 곧 출동할게요!

나야, 나!

우리는 아니야?

마지막 받침을 달아 볼까?

달아요

드디어
쌍둥이 모빌 완성!

닮아요

무엇이 무엇이 닮았을까? 원숭이 형제가 닮았어요. 모빌 두 개가 닮았어요.

띠리룡! 띠리룡!

무엇이든 시원하게 해결해 드리는 받침구조대입니다.

시원하게 해 줄 수 있나요?
헥헥.

헉, 시원하게요?

네네. 제발 좀 시원하게 해 주세요.
헥!
헥!
헥헥!

어떡하지?

너무너무 더워요.
햇볕이 세상을 찜통에 넣고 푹푹 삶는 것 같아요.

삶아요 - ㅁ = 살아요

왜 이렇게 전화를 안 받지?

제대로 눌렀어?

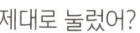

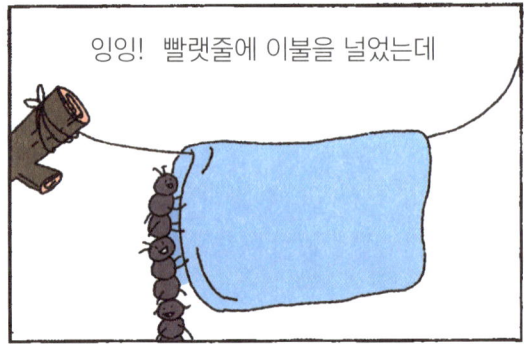

곧바로 출동할게요!

내가 내려 줄게!

다시
깨끗이 빨아서
널어야겠군요.

널어요

잡았다!

잡았니?

잡았어?

이제 내 차례군!

우아, 넓다!

개미 백 마리가 들어갈 만큼 넓어.

넓어요

빨자, 빨자. 꾹꾹 밟아서 이불을 빨자.

널자, 널자. 탈탈 털어서 이불을 널자.

널어요 + ㅂ = 넓어요

띠리롱! 띠리롱!

58

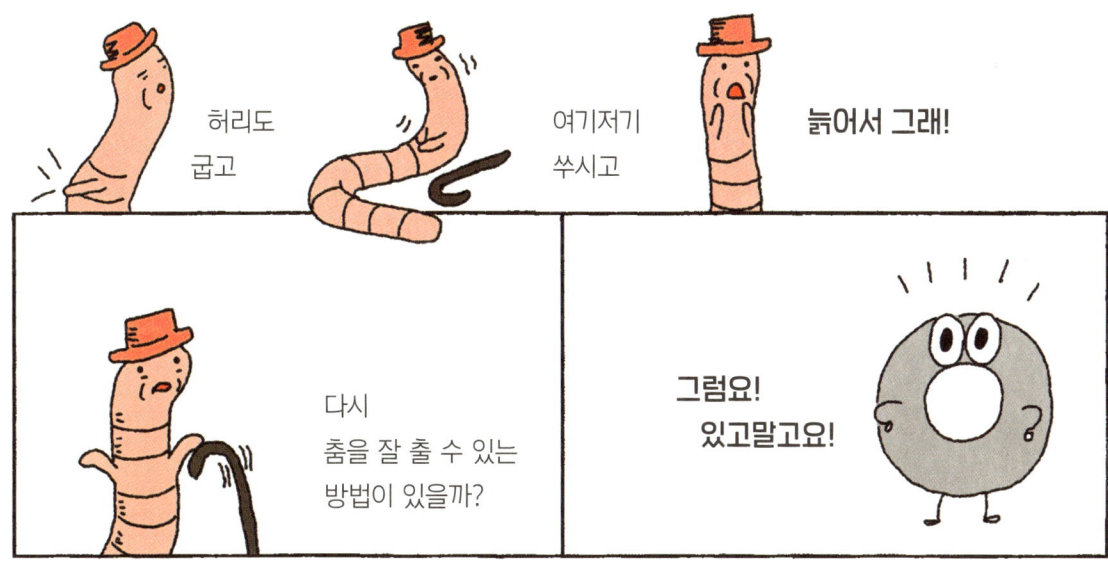

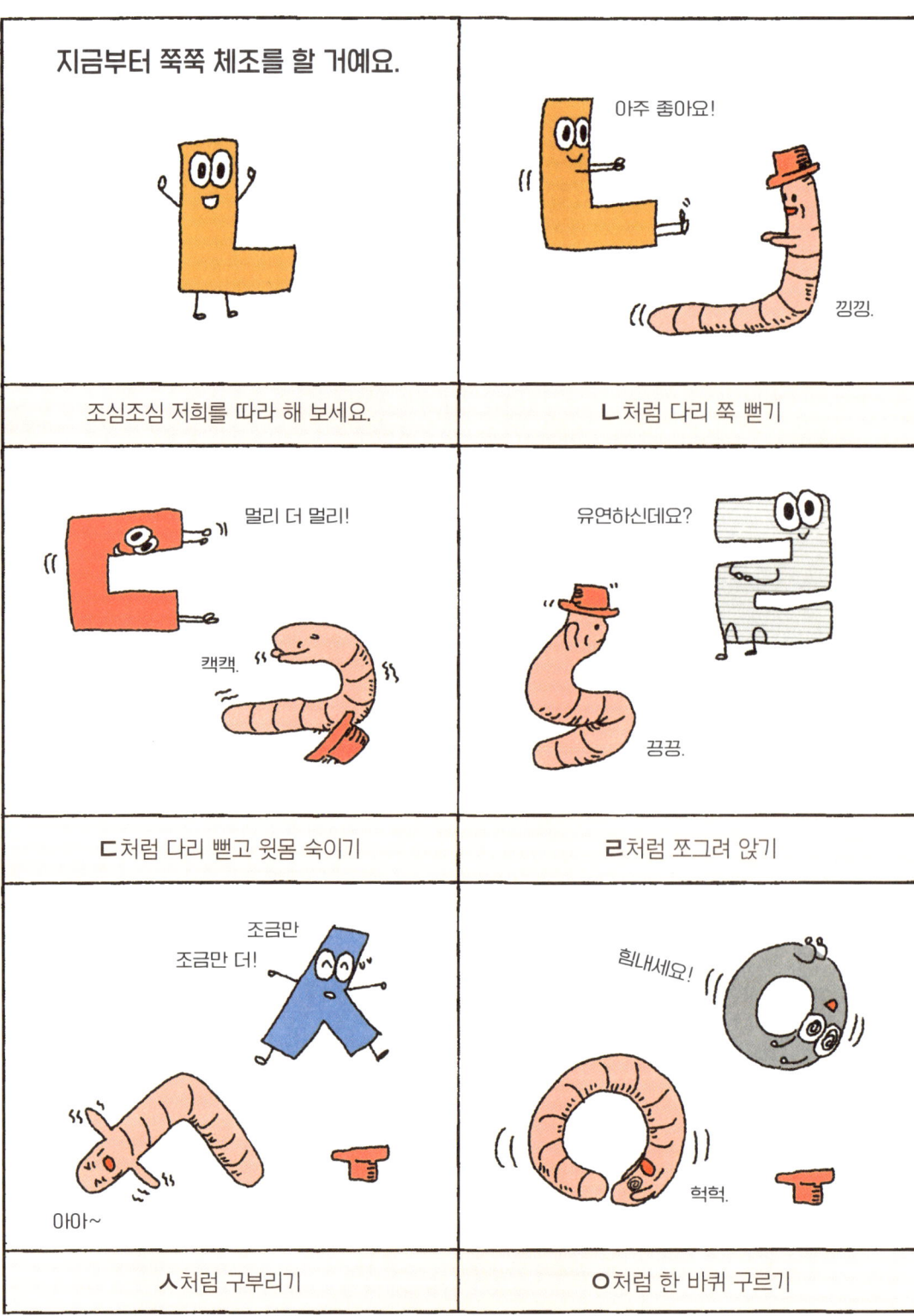

늙어요 - ㄱ = 늘어요

띠리롱! 띠리롱!

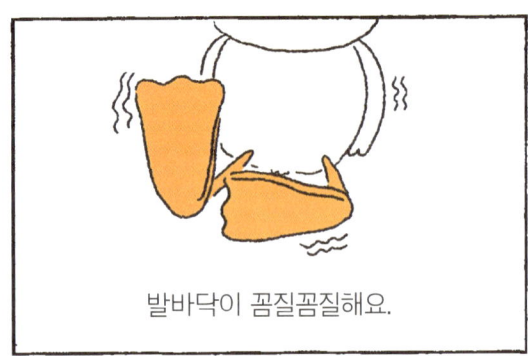

밖에 나가서 놀자고요!

그럼
산책을 나가 볼까요?

만만세!

신나요! 설레요! 기뻐요!

뒤뚱뒤뚱 오리 꽥꽥!

넷 셋 둘 하나

참방참방 오리 꽥꽥!

파닥파닥 오리 꽥꽥!

이거 봐.
앵두가
빨갛게
익었어.

우리
얼굴도
빨갛게
익었어.

저기 봐.
해님도 빨갛게
익고 있어!

여기 봐.
산딸기도
빨갛게
익었어.

익어요

발바닥에 땀이 나도록 뛰어다녔더니
어느새 해가 지고 달이 떠올랐어요.
이제 받침구조대도 쉴 시간이에요.
오늘도 모두모두 수고했어요.
내일 또 만나요!

ㄲ 받침	ㄱㅅ 받침	ㄴㅈ 받침
겪다	넋	가라앉다
깎다	넋두리	끼얹다
꺾다	몫	앉다
꺾쇠	삯	앉히다
낚다	삯꾼	얹다
낚시	삯바느질	얹혀살다
닦다	삯빨래	얹히다
떡볶이		주저앉다
묶다		
밖		
볶다		
볶음밥		
섞다		
섞박지		
솎다		
손톱깎이		
안팎		
엮다		
엮은이		
연필깎이		

우리 진짜 많다.

네 몫이야? 네 몫이야.

여기 앉아. 너도 앉아.

ㄴㅎ 받침	ㄹㄱ 받침	ㄹㅁ 받침
괜찮다	갉다	곪다
귀찮다	굵다	굶다
끊다	긁다	닮다
많다	기슭	삶다
머지않다	까닭	옮기다
수많은	낡다	젊다
않다	늙다	
언짢다	닭	
적잖다	맑다	
점잖다	묽다	
편찮다	밝다	
하찮다	붉다	
	삯	
	얽히다	
	칡	
	흙	

틀려도 괜찮아! 우리가 있잖아!

내 등 좀 긁어 줄래?

배고픈데 달걀 삶아 먹을까?

ㄹㅂ 받침	ㄹㅅ 받침	ㄹㅌ 받침
넓다	곬	개미핥기
떫다	물곬	겉핥기
밟다	옰	핥다
얇다	외곬	훑다
여덟	통곬	훑다
짧다		

ㄹㅍ 받침	ㄹㅎ 받침	ㅂㅅ 받침
읊다	가슴앓이	가엾다
	곯다	값
	굻다	값비싸다
	꿇다	값지다
	끓다	꾸밈없다
	닳다	끝없다
	뚫다	다름없다
	배앓이	상관없다
	속앓이	수없이
	싫다	어이없다
	싫증	없다
	쓿다	우윳값
	앓다	책값
	옳다	**ㅆ 받침**
	잃다	있다

ㄱ부터 ㅎ까지 읊어 볼까?

옳지, 옳지! 잘했어.

이제 더 없나?

우리도 있어!